LUCIEN DE TOURVILLE

SES DERNIÈRES PAROLES

19 AVRIL 1876

LUCIEN DE TOURVILLE

SES DERNIÈRES PAROLES

19 AVRIL 1876

E remercie toutes les personnes présentes, parents et amis, d'avoir bien voulu assister à cette fête de famille, et je désire leur adresser quelques mots sur les deux grands Sacrements que je viens de recevoir.

Bien que m'étant assuré auprès des médecins de la manière la plus formelle que mon état n'était pas désespéré, j'ai tenu à faire aujourd'hui mes Pâques. J'ai eu le regret de ne pouvoir cette année assister, comme plusieurs d'entre vous, à la touchante solennité de Notre-Dame, et j'ai voulu faire ici un acte de foi public en me soumettant au devoir pascal, devoir que l'Église a inscrit dans l'un de ses six grands préceptes et auquel nul ne peut se soustraire, comme vous le savez, sans se rendre coupable de faute grave et sans encourir les peines les plus sévères.

Quant à l'Extrême-Onction, si j'ai désiré la recevoir aujourd'hui, ce n'est pas, je le répète, que mon état soit sans espoir. Je suis, je le sais, gravement malade; mais Dieu peut encore permettre que les soins intelligents et dévoués de mes médecins me rendent à la santé. L'Extrême-Onction n'aide pas seulement à bien mourir; l'Église nous enseigne que ce sacrement peut avoir une vertu temporelle, et quelquefois soulager et guérir le corps; il contribue du moins à purifier l'âme plus complétement de ses fautes; car, quelque fidèle qu'on soit pendant sa vie à la loi de Dieu, la nature humaine entraîne toujours à commettre de grands méfaits. Je demande aussi pardon à tous des fautes de scandale dont j'aurais pu me rendre coupable.

Je vois devant moi mon père, le modèle des pères, si tendre et si dévoué, qui m'a appris dès mon enfance à aimer la religion dont la pratique a toujours été pour moi la source des plus douces consolations. Puis ma bonne mère, si douce, si bonne, si affectueuse, qui dans cette maladie encore m'a témoigné tant de dévouement. La remercier ici, ainsi que mon bon père, de ce que tous deux ont fait pour moi, ce serait affaiblir et rendre bien imparfaitement les sentiments de profonde reconnaissance que j'éprouve au fond du cœur.

A mes côtés, je vois mon excellent frère, qui depuis plusieurs années remplit auprès de moi un double rôle, tantôt celui d'un frère et d'un ami, tantôt celui d'un père, et qui est l'un des prêtres les plus dévoués et, je l'espère, les plus bénis de Dieu. Je le remercie de ce qu'il vient de faire encore pour moi.

Je n'oublie pas les absents. J'ai à Chartres un frère qui, comme l'aîné de la famille, nous a toujours donné l'exemple de la fidélité aux devoirs chrétiens et à la pratique du bien. Il est en ce moment à l'ombre des clochers de cette belle cathédrale de Chartres où l'on invoque constamment la Sainte Vierge pour ma guérison ! Puis ma charmante belle-sœur, qui saura par son affection tenir dans la famille la place de cette autre sœur que je n'ai pas connue et que je croyais avoir été appelé, par les circonstances qui ont accompagné ma naissance, à remplacer auprès de mes parents. Je croyais avoir été destiné à leur fermer les yeux ; peut-être Dieu en décidera-t-il autrement.

A mon cher petit-neveu Louis j'envoie ma bénédiction de vieil oncle. Il est aujourd'hui le seul rejeton de notre famille ; son père et sa mère sauront, j'en suis certain, l'élever dans les principes de foi et d'honneur qui depuis longtemps sont héréditaires parmi nous.

J'ai à Rouen un bon oncle, chez lequel j'ai retrouvé le toit paternel, et qui depuis près de dix-huit mois a bien voulu me tenir lieu de père. Je suis bien reconnaissant de ses bons soins et de sa tendresse, et j'espère encore que Dieu me permettra d'aller lui renouveler à Rouen tous mes remercîments.

J'ai aussi de bonnes tantes : j'en aperçois une qui a consenti à me tenir sur les Fonts baptismaux, et qui a guidé mon premier pas dans la vie chrétienne. Je me croyais appelé à lui survivre ; mais, si je la précède dans l'autre vie, je la prie de ne pas oublier les engagements qu'elle a pris pour moi devant Dieu, et de penser à moi tous les jours de sa vie, dans ses prières.

J'ai aussi des cousins, directs ou par alliance, que je remercie de leur affection et auxquels je demande pardon du scandale que j'aurais pu leur donner.

Je vois dans cette chambre une fille dévouée, une ancienne domestique, qui est entrée au service de mes parents lorsque j'avais treize mois, et qui depuis plus de vingt-huit ans est demeurée dans notre famille. Je la remercie de ses bons soins et du zèle avec lequel elle m'a particulièrement soigné dans cette maladie. Je remercie également tous les autres domestiques qui, quoique moins anciens dans la famille, n'en sont pas moins dévoués.

Je désire n'oublier personne.

Je remercie aussi les médecins qui m'ont prodigué leurs soins intelligents, et qui ont fait pour moi tout ce que la science humaine peut faire.

Je vous remercie tous de nouveau d'avoir bien voulu assister à cette belle fête de famille qui, après ma première communion, est le plus beau jour de ma vie. Je suis calme et heureux, et je désire que personne ici ne s'émotionne plus que moi.

Je demande que chacun vienne m'embrasser, et je vous dis à tous non pas adieu, mais au revoir.

Quant aux dispositions testamentaires (fondations pieuses, inhumation), toutes ces choses rentrent dans un autre ordre d'idées et ne peuvent se traiter que dans le cercle intime de la famille.

Je n'ai plus qu'un mot à ajouter. Je demande à toutes les personnes présentes de vouloir bien s'unir à la grande neuvaine que l'on doit commencer pour moi aujourd'hui même, sous le vocable de Notre-Dame de Lourdes. Les prières que l'on adressera à la Sainte Vierge m'obtiendront peut-être la guérison que je puis encore espérer ; elles m'aideront du moins à bien mourir, si Dieu ne permet pas que je recouvre la santé.

A tous ceux qui s'approchèrent pour l'embrasser le cher mourant voulut encore adresser un adieu particulier, et sut trouver pour chacun quelques paroles affectueuses :

. . . .

A sa tante C.... : *Je te prie, ma chère tante, de ne m'oublier auprès d'aucun de tes enfants et d'embrasser pour moi tous tes petits-enfants.*

A son cousin Th. C.. : *Tu ne m'oublieras pas auprès de Fanny.* Et à sa cousine Fanny, qui se trouvait présente : *Je vous aime bien, ma chère Fanny ; je vous ai toujours aimée comme une sœur.*

A son cousin E.C.. : *Mon meilleur ami, pense à moi.*

A son cousin Paul D... : *Vous savez, mon cher Paul, que, bien que vous ne soyez notre cousin que par alliance, nous vous avons toujours été attachés comme au meilleur des parents. Dites à Marie de ne pas m'oublier. Embrassez pour moi vos enfants, et dites-leur de prier pour moi.*

. . . .

A son domestique Eugène : *Je vous recommande bien de rester toujours attaché à mon père et à ma mère comme vos parents de Rouen le sont à mon cher oncle. Dites à vos camarades de Rouen que je ne les oublie pas.*

www.ingramcontent.com/pod-product-compliance
Ingram Content Group UK Ltd.
Pitfield, Milton Keynes, MK11 3LW, UK
UKHW020127100726
13658UKWH00005B/2408